दर्द से लफ्जों तक

दर्द इस कदर छलका, कि लफ़्ज़ बन गये...

A COLLECTION OF COUPLETS

शर्मी (शमा)

ISBN
Paperback 979-8-90362-893-3
Hardcase 979-8-90431-746-1

Made with ♥ on the Notion Press Platform

www.notionpress.com

अनगिनत वो पल,

जो खामोशी बन गए...

Dedication

अपने माता-पिता के नाम,

जो आज साथ नहीं हैं...

पर हमेशा मेरे साथ हैं...

Acknowledgements/Gratitude

सबसे पहले उस ऊपरवाले का शुक्रिया,
जिसने दर्द को लफ़्ज़ों में ढालने की ताक़त दी।

और अपने परिवार का,
जिनका साथ और प्यार हमेशा मेरे साथ है।

और...

वो नाम, वो एहसास,
जो इन लफ्जों के पीछे का प्रेरणा बना।

एक पल तेरा साथ पाने को,

सालों साल इंतज़ार करते रहे...

इस तरह से मेरा वजूद मिटा,

कि हर पल ज़िंदगी को तरसते रहे...

अगर इसी को ज़िंदा रहना कहते हैं,

तो हाँ ज़िंदा हूँ मैं...

अगर हर एहसास दिल में दबाने को जीना कहते हैं...

तो हाँ ज़रूर जी रही हूँ मैं...

Tere haatho se ek chutki gulaal lagwane ko,

woh subha se raat tak, mera intezaar karna…

Aur tere aane par, chand palo mein,

har ek rang ko jee lene ki koshish karna…

तेरे हाथों से एक चुटकी गुलाल लगवाने को,

वो सुबह से रात तक, मेरा इंतज़ार करना...

और तेरे आने पर, चंद पलो में ही,

हर एक रंग को जी लेने की कोशिश करना...

Tujhe toh pata hi hoga,

Har baar tujhe bola karti thi…

Ki kis tarah tere saath guzre chand pal

Yehi meri Holi, meri Diwali hua karti thi…

तुझे तो पता ही होगा,

हर बार तुझे बोला करती थी...

कि किस तरह तेरे साथ गुज़रे चंद पल

यही मेरी होली, मेरी दिवाली हुआ करती थी...

रह रह कर तेरा ख्याल,

तेरा चेहरा आँखों के सामने आता है…

अरसा तो हुआ है फिर भी,

एक पल नहीं जहाँ मेरे साथ तू नहीं होता है…

Sacche ehsaas patte nahi hote,

Jo mausam ke saath jhad jaate hain…

Yeh dilo ki gehraiyon mein palte hain,

Jo waqt ke saath badhte hi jaate hain…

सच्चे एहसास पत्ते नहीं होते,

जो मौसम के साथ झड़ जाते हैं...

ये दिलों की गहराई में पलते हैं,

जो वक़्त के साथ बढ़ते ही जाते हैं...

मुझे याद है तेरे बचपन के दोस्त ने,

जब दुनिया छोड़ी थी...

वो मेरा कोई ना था,

पर मैं अकेले घंटों तेरे दुख में रोई थी...

Haan shayad tere har khushi mein,

beshak main kahi nahi thi…

Par phir bhi kyun tere har ek gum ko,

Main bhi tere saath jee ee thi…

हाँ शायद तेरे हर खुशी में,

बेशक मैं कहीं नहीं थी…

पर फिर भी क्यों तेरे हर एक गम को,

मैं भी तेरे साथ जी थी…

Yaad toh hoga woh tere saath chat pe,

tauhaaro mein patang udana…

Teri aankhon ki ek chamak mein hi,

apni har khushi dhund lena…

याद तो होगा वो तेरे साथ छत पे,

तौहारों में पतंग उड़ाना...

तेरी आँखों की एक चमक में ही,

अपनी हर खुशी ढूंढ लेना...

Rang birange jitney patang,

milte ho bazaaron mein…

Tere haatho mein pura bazaar laa dene ki,

Woh ek baccho wali zidd rakhna…

रंग बिरंगे जितने पतंग,

मिलते हो बाज़ारों में...

तेरे हाथों में पूरा बाज़ार ला देने की,

वो एक बचपन वाली ज़िद्द रखना...

क्या तुझे कभी भी,

मेरी पुकार सुनाई दी है...

क्या मेरी आवाज़ कभी भी,

तेरे पास से होकर गुज़री है...

जब कोई शोर नहीं,

जब तुम अपने आप के साथ होते हो…

क्या तब भी कभी,

तुम मुझे सुन पाते हो…

यू तो मैं और मेरी तन्हाई ही साथ हैं,

पर फिर भी एक तसल्ली सी है...

के मेरा मन जानता है तू जहान भी है,

तेरे आस पास मेरी दुआओं की मौजूदगी सी है...

तेरा एहसान है मुझ पर,

बहुत से खास पल दिए हैं तूने...

और तुझसे दूर रहकर भी लेकिन,

तेरी खैरियत ही मांगी है मैंने...

हर दिन सुबह से शाम तक,

तुझसे मुलाक़ात हो जाए उसकी दुआ करना...

और तू जब भी आ जाए सामने,

तेरे चेहरे पे एक हँसी देखने की ख्वाहिश करना...

Ek lamha tera saath paane ko,

Zindagi bhar ka intezaar raha…

Par is lambe se intezaar mein bhi

Dil mein shukraguzari ka ehsaas raha…

एक लम्हा तेरा साथ पाने को,

ज़िंदगी भर का इंतज़ार रहा...

पर इस लंबे से इंतज़ार में भी

दिल में शुक्रगुज़ारी का एहसास रहा...

तू भूला तो नहीं होगा, ये पता है मुझे,

तेरे लिए चाय बनाना कितना अच्छा लगता था मुझे,

तेरे हर छोटे बड़े काम में ख़ुशी ढूँढ़ लेती थी,

सारा दिन तेरी ही सेवा में सुकून मिलता था मुझे...

ये भी तो जानता है तू,
मेरा दिल बस तुझे ही चाहता रहा...
तेरी ही सेवा कर पाऊ मैं उम्र भर,
यहीं दुआओं में मांगता रहा...

याद तो होगा तुझे,

वो नये साल का दिन…

तुझसे मुलाक़ात की ख्वाहिश में,

एक उम्र सा गुज़रा इंतज़ार का दिन…

Phir se ek aur saal aaya,

Sabke liye khushiyaan laya tha...

Lekin main tujhe pukarti hi rah gai thi,

Aur tu daulat ke nashe mein kho gaya tha...

फिर से एक और साल आया,

सबके लिए खुशियां लाया था...

पर मैं तुझे पुकारती ही रह गयी थी,

और तू दौलत के नशे में खो गया था...

आज भी याद आता है

जब एक दिन तेरी तबीयत नासाज़ थी,

मेरे दिल को कैसे पता था,

जब तुझे कोई खबर नहीं थी...

तुझे फुर्सत ही नहीं थी चमकधमक की जिंदगी से,

यह एहसास हो रहा था मुझे...

मैं तेरा इंतज़ार करती रही,

और तू भुलता रहा मुझे...

Beshak ta umr duaao mein

Teri salamati maangi hai maine…

Lekin ab khud ko bhi maangna

Seekh liya hai maine…

बेशाक ता उमर दुआओ में,
तेरी सलामती माँगी है मैंने...
लेकिन अब खुद को भी मांगना,
सीख लिया है मैंने...

Us din daud kar tere liye bazaar se

Maine chun kar phal laaye the…

Tune unhe chua bhi nahi,

Woh sirf seb nahi the, woh meri parwah laaye the…

उस दिन दौड़ कर तेरे लिए बाज़ार से

मैंने चुन कर फल लाए थे...

तूने उन्हें छुआ भी नहीं,

वो सिर्फ सेब नहीं थे, वो मेरी परवाह लाए थे...

Main us din tere jaane ke baad,

Bohot der tak khadi rahi thi…

Yeh wahi ghar tha aur wahi diwaare,

Jo kal tak mera roz intezaar kiya karti thi…

मैं उस दिन तेरे जाने के बाद,

बहुत देर तक खड़ी रही थी...

यह वही घर था और वही दीवारें,

जो कल तक मेरा रोज़ इंतज़ार किया करती थी...

Har din naye andaz mein jeena, phir se bikhar jana,

yeh kabhi aasaan nahi hota…

Yeh dard se lafzon tak ka safar hai,

jo kabhi khatam nahi hota…

हर दिन नए अंदाज़ में जीना, फिर से बिखर जाना,

यह कभी आसान नहीं होता...

यह दर्द से लफ़्ज़ों तक का सफ़र है,

जो कभी खत्म नहीं होता...

www.ingramcontent.com/pod-product-compliance
Lightning Source LLC
LaVergne TN
LVHW101618210926
848480LV00009B/803
* 9 7 9 8 9 0 3 6 2 8 9 3 3 *